历史的丰碑丛书

百科全书式的伟大思想家
亚里士多德

刘开颜 编著

吉林人民出版社

图书在版编目（CIP）数据

百科全书式的伟大思想家——亚里士多德 / 刘开颜编著 . -- 长春：吉林人民出版社，2011.4 （2025.4 重印）

（历史的丰碑丛书）

ISBN 978-7-206-07616-9

Ⅰ . ①百… Ⅱ . ①刘… Ⅲ . ①亚里士多德（前 384 ～前 322）—生平事迹—青年读物②亚里士多德（前 384 ～前 322）—生平事迹—少年读物 Ⅳ . ① B502.233-49

中国版本图书馆 CIP 数据核字 (2011) 第 037571 号

百科全书式的伟大思想家 亚里士多德
BAIKE QUANSHU SHI DE WEIDA SIXIANGJIA YALISHIDUODE

编　　著：刘开颜
责任编辑：孙　一　　　　　封面设计：孙浩瀚
制　　作：吉林人民出版社图文设计印务中心
吉林人民出版社出版 发行（长春市人民大街7548号　邮政编码：130022）
印　　刷：北京一鑫印务有限责任公司
开　　本：787mm×1092mm　　1/16
印　　张：8　　　　　　字　　数：72千字
标准书号：ISBN 978-7-206-07616-9
版　　次：2011年4月第1版　　印　　次：2025年4月第3次印刷
定　　价：35.00 元

如发现印装质量问题，影响阅读，请与出版社联系调换。

编者的话

"欲知大道，必先为史"。

回溯人类的足迹，人们首先看到的总是那些在其各自背景和时点上标志着社会高度和进步里程的伟大人物。他们是历史的丰碑，是后世之鉴。

黑格尔说："无疑，一个时代的杰出个人是特性，一般说来，就反映了这个时代的总的精神。"普希金说："跟随伟大人物的思想是一门引人入胜的科学。"

以史为鉴，面向未来。作为21世纪的继往开来者，我们觉得，在知史基础上具有宽广的知识结构、开阔的胸襟和敏锐的洞察力应是首要的素质要求，而在历史的大背景中追寻丰碑人物的思想、风范和足迹，应是知史的捷径。

考虑到现代人时间的宝贵，我们期盼以尽量精短的篇幅容纳尽量丰富的信息，展现尽量宏大的历史画卷和历史规律。为此，我们编撰了这套丛书。

编撰丛书的过程，也是纵览历代风云、伴随伟人心路、吸收历史营养的过程。沉心于书页，我们随处感受着各历史时期伟大人物所体现的推动历史进步的人类征服力量。我们随着伟人命运及事业的坎坷与辉煌而悲喜，为他们思想的深邃精湛、行为的大气脱俗而会意感慨、拍案叫绝。

然而，在思想开始远游和精神获得享受的同时，我们也随之感受到历史脚步的沉重和历史过程的曲折。社会每前进一步都是艰难的，都伴随着巨大的痛苦和付出。历史的伟大在于它最终走向进步，最终在血污中诞生了鲜活的"婴孩"。

历史有继承性和局限性，不能凭空创造。伟人也有血肉，他们的思想、行为因此注定了同样具有历史的局限性和阶级的、时代的烙印；他们的功业建立于千千万万广大人民群众伟大创造的基础上。历史是人民群众创造的，伟大的人物们是历史和时代造就的。同时，我们也无法否定此间他们个人的努力。这也正是我们编撰这套丛书的目的。

我们期盼着这套丛书得到社会的认同，对读者，特别是青少年读者之历史感、成就感和使命感的培养有所裨益。史海浩瀚，群

星璀璨。我们以对广大青少年读者负责的精
神，精心遴选，以助力青少年成长进步，集
结出版了《历史的丰碑》系列丛书，敬请读
者批评、指正。

历史的丰碑丛书

编委会

策　划：　胡维革　　吴铁光

　　　　　林　巍　　冯子龙

主　编：　胡维革　　邢万生

副主编：　贾淑文　　谷艳秋

编　委：　（按姓氏笔画为序）

　　　　　于二辉　　刘士琳

　　　　　刘文辉　　孙建军

　　　　　李艳萍　　吴兰萍

　　　　　杨九屹　　隋　军

亚里士多德是西方文化的一大奠基人，他建立了一个百科全书式的思想体系；他第一个以科学的方法阐明了各学科的对象、简史和基本概念，并把混沌一团的科学分门别类；他奠定了科学经验主义的基本原则，也提出了公理化体系的理想；他的生物学直到19世纪仍居于权威地位；他所创立的逻辑学在2 000年之中一直是构成哲学统一性的基础；他的形而上学使他荣膺"哲学家之王"的称号。

　　有人说一部欧洲思想史就是对亚里士多德的诠释。他激发过并且继续激发着一代代后辈的灵感。在他之前没有人对人类文化做出过如此巨大的贡献……

目 录

翩翩少年郎　　　　　　　　◎ 001

柏拉图最优秀的学生　　　　◎ 007

亚历山大大帝的老师　　　　◎ 022

吕克昂学园　　　　　　　　◎ 034

"哲学家之王"　　　　　　　◎ 045

形式逻辑的创始人　　　　　◎ 066

科学的肇始者　　　　　　　◎ 079

百科全书式的思想家　　　　◎ 096

命运多舛的晚年　　　　　　◎ 113

翩少年郎

> 别人为食而生存，我为生存而食。
> ——苏格拉底

亚里士多德生于第99届奥林比亚赛会的第一年，即公元前384年，比柏拉图年轻46岁。他出生于爱琴海北部卡尔西国西半岛东岸的斯塔吉拉城（现名斯塔夫罗斯）。斯塔吉拉虽位于北方，却是一个古老的殖民

→亚里士多德塑像

← 亚里士多德是柏拉图最优秀的学生，图为柏拉图画像。

地，居民大多来自南方的安德罗斯岛和优卑亚岛。

亚里士多德的父亲尼科马可是安德罗丝移民，他出身于爱奥尼亚以医务为祖业的著名世家；母亲菲斯蒂丝是优卑亚岛人。疾病自古困扰着人类，医务成为经久不衰的职业。亚里士多德的父亲是当时马其顿宫廷的医生，是亚历山大大帝的祖父、马其顿国王佩尔狄卡二世的御医。亚里士多德的家庭因此有权有势，并且成为显赫富裕的贵族。

幼年的亚里士多德常跟父亲出入马其顿王宫，这种生活对他的那种贵族气质很有影响。他衣冠楚楚，举止文雅，风度翩翩，甚至有点纨绔子弟的味道。在宫廷生活的一段时间里，他与国王的儿子菲利浦相处玩耍，交情甚笃。公元前369年，佩尔狄卡二世去世，宫廷爆发夺位斗争。不久，老尼各马科斯离开了倾轧惨斗的宫廷，回到海滨故乡，不久染病身亡。10年之后，菲利浦掌握了马其顿王权。

亚里士多德的父亲去世时，亚里士多德尚未成年，由姐姐和姐夫成为他的监护人。他们对弟弟的教育十分关心，及时把他带到文化中心雅典。亚里士多德还有一个相依为命的弟弟叫阿里木奈斯，不幸早年而亡。

亚里士多德的家庭世代以医务为职业，这使他从小就受到家庭的熏陶，能够接触和学习医学基础知识，进行严格的实践训练，这些使他养成了专注事实、尊重经验的作风。这种精神成为他以后治学办学的方针，并贯穿他从事研究的一生。医学向他显示了生命的奥秘，激发了少年的好奇之心，使他进而把研究领域由医学扩展至生物学以至整个自然。

亚里士多德

亚里士多德（公元前384—公元前322年），古希腊斯塔吉拉人，世界古代史上最伟大的哲学家、科学家和教育家之一。亚里士多德是柏拉图的学生，亚历山大的老师。公元前335年，他在雅典办了一所叫吕克昂的学校，被称为逍遥学派。马克思曾称亚里士多德是古希腊哲学家中最博学的人物，恩格斯称他是古代的黑格尔。

亚里士多德出生于斯塔吉拉城，父亲是马其顿王的御医。公元前366年亚里士多德被送到位于雅典柏拉图创办的阿卡德米学园学习，此后的20年里亚里士多德一直住在这里，直至老师柏拉图去世。柏拉图去世后，由于学园的新首脑比较赞同柏拉图哲学中的数学倾向，令亚里士多德无法忍受，他便离开了雅典。

离开学园后，亚里士多德先是接受了先前的学友赫尔米亚斯的邀请访问小亚细亚。赫尔米亚斯当时是小亚细亚沿岸的密细亚统治者。亚里士多德在那里还娶了赫尔米亚斯的侄女为妻。但是在公元前344年，赫尔米亚斯在一次暴动中被谋杀，亚里士多德不得不离开小亚细亚，和家人一起来到了米底勒尼。

几年后，亚里士多德又被马其顿的国王菲利浦二世召回故乡，成为当时年仅13岁的亚历山大大帝的老师。亚里士多德对这位未来的世界领袖灌输了道德、政治以及哲学的教育。正是在亚里士多德的影响下，亚历山大大帝始终对科学事业非常关心，对知识十分尊重。尽管自己的学生已经贵为国王，但亚里士多德并没有一直留在亚历山大身边，他决定回到雅典，建立自己的学园，教授哲学。亚里士多德得非常重视教学方法，他反对刻板的教学方式，他经常带着学生在花园林荫大道上一边散步、一边讨论哲理，因此后人把亚里士多德学派称作"逍遥学派"。

公元前335年菲利浦去世，亚里士多德又回到雅典，并在那里建立了自己的学校。在此期间，亚里士多德边讲课，边撰写了多部哲学著作。亚里士多德的著作在这一期间有很多，主要是关于自然和物理方面的自然科学和哲学，而使用的语言也要比柏拉图的《对话录》晦涩许多。他的作品很多都是以讲课的笔记为基础，有些甚至是他学生的课堂笔记。因此有人将亚里士多德看作是西方的第一个教科书作者。 亚历山大去世后，雅典人开始奋起反对马其顿的统治。由于和亚历山大的关系，亚里士多德不得不因为被指控不敬神而来到加而西斯避难。他的学园，则交给了狄奥弗拉斯图掌管。一年之后，公元前322年，亚里士多德去世，去世的原因是一种多年积累的疾病所造成的。

亚里士多德一生勤奋治学，从事的学术研究涉及逻辑学、修辞学、物理学、生物学、教育学、心理学、政治学、经济学、美学等，并写下了大量的著作，他的著作是古代的百科全书，据说有四百到一千部，主要有《工具论》《形而上学》《物理学》《伦理学》《政治学》《诗学》等。他的思想对人类产生了深远的影响，他创立了形式逻辑学，丰富和发展了哲学的各个分支学科，对科学等作出了巨大的贡献。

柏拉图最优秀的学生

努力是成功之母。

——塞万提斯

公元前367年，17岁的亚里士多德离开斯塔吉拉城，来到当时的文化中心雅典。雅典有两所著名的学校：一所是由著名哲人苏格拉底创办的修辞学校，一所是由柏拉图创办的哲学学校。这两所学校互相诋毁，以己所长，攻人之短，但它们

→柏拉图塑像

← 柏拉图雕像

都具有共同的作用与目标——培养管理国家、从事社会政治活动的人才。亚里士多德早年无限崇拜柏拉图，所以他来到了柏拉图创办的阿卡德米学园。

亚里士多德初入学园时，柏拉图在西西里岛访问未归。后来，柏拉图发现学生中多了一位贵族少年，举止温尔典雅，讲话声调柔和，衣着华丽。起初他看不惯那种花花公子派头，时常告诫亚里士多德："一个追求真理的人不应该过分打扮。"但是，柏拉图渐渐发现这位学生头脑清晰、思路敏捷、擅长辩论，从而对他大为欣赏。

亚里士多德涉猎广泛、包罗万象，政治学、戏剧学、诗学、物理学、医学、心理学、历史学、天文学、伦理学、数学、修辞学、生物学等等，他样样精通。一个人的头脑能容纳那么多方面的知识，简直是一个

→柏拉图塑像

奇迹。有一次，柏拉图曾幽默地说：他的学园由两部分组成，一部分是其他学生的身体，一部分是亚里士多德的头脑。柏拉图很赏识亚里士多德的才学，把他誉为"学园之魂"，但对他狂放不羁的

← 柏拉图塑像

思想却很不放心，常说对塞诺克拉底要用"马刺"，而对亚里士多德要用"缰绳"。

阿卡德米学园不仅是柏拉图思想的传播地，也是希腊和世界各国学者的汇集地。青年的亚里士多德在这儿听取了不同思想的演讲，参加了不同观点的辩论。作为柏拉图学园的佼佼者，历史使他注定成为一位伟大的思想文化导师。

当亚里士多德在学园里如鱼得水的时候，希腊的

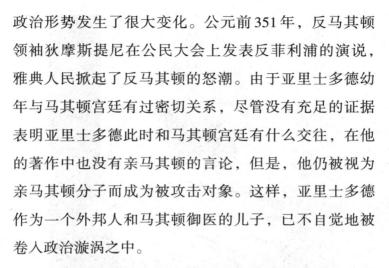

政治形势发生了很大变化。公元前351年，反马其顿领袖狄摩斯提尼在公民大会上发表反菲利浦的演说，雅典人民掀起了反马其顿的怒潮。由于亚里士多德幼年与马其顿宫廷有过密切关系，尽管没有充足的证据表明亚里士多德此时和马其顿宫廷有什么交往，在他的著作中也没有亲马其顿的言论，但是，他仍被视为亲马其顿分子而成为被攻击对象。这样，亚里士多德作为一个外邦人和马其顿御医的儿子，已不自觉地被卷入政治漩涡之中。

公元前347年，80岁高龄的柏拉图去世了。亚里士多德自认为是柏拉图的真正传人，理所当然会作为老师的继承人主持学园。然而柏拉图却选择了自己的一个近亲斯彪西波为学园的继承人。在学园的同事们看来，斯彪西波至少比亚里士多德多两条优点：他是柏拉图的亲属，他还是一位雅典人。亚里士多德对此愤愤不平，很不服气。后来他曾多次指责斯彪西波歪曲了柏拉图的学说，把学园引向了歧途。

时局的变换，加之对这次继承问题的不满，亚里士多德决定结束20年的阿卡德米生活，和另一个同学塞诺克拉底离开雅典。

应注意的是，亚里士多德虽不得不离开阿卡德米学园，但他的园籍还留着。公元前339年，斯彪西波

←柏拉图塑像

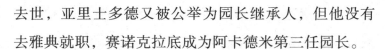

去世，亚里士多德又被公举为园长继承人，但他没有去雅典就职，赛诺克拉底成为阿卡德米第三任园长。

亚里士多德作为柏拉图学园的一名成员在雅典待了20年，直到他37岁。那时，他已是一个羽毛丰满的哲学家和科学家了。他由衷地尊敬和热爱柏拉图。柏拉图去世时，他写了一首情真意切的挽歌，赞颂柏拉图是一个"坏人甚至无权称颂的人。"

亚里士多德有一首诗《致尤德莫斯》，在这首诗中，亚里士多德表达了对亡师柏拉图的怀念和崇敬：

　　　　他来到凯克洛匹亚神圣的土地，

　　　　怀着一颗虔敬的心筑起庄严的祭坛，

　　　　献给一个纯洁无瑕的人，

　　　　献给他那崇高的友谊。

　　　　在众人之中他是唯一的也是最初的，

　　　　在自己的生活中，

　　　　在自己的作品里，

　　　　清楚而又明显地指出：

　　　　唯有善良才是幸福。

　　　　这样的人呵，如今已寻觅无处！

　　西方著名学者伯内斯曾从几个方面探讨了柏拉图
对亚里士多德的巨大影响：

　　第一，柏拉图深刻地思考过科学的统一性问题。
他把人类知识看作一个潜在的统一的系统。对他来说，
科学不仅仅是事实材料的杂乱堆积，而是把事实材料
组织起来变成对世界的有次序的解释。亚里士多德也
是一个系统的思想家，他全心全意地接受了柏拉图的
这一理论，但他不同意柏拉图取得和展示这种统一的
方法。

　　第二，柏拉图的"辩证法"训练为亚里士多德创

柏拉图画像

→柏拉图画像

立逻辑学奠定了基础。从柏拉图的对话《巴门尼德》和《智者篇》中，我们可以看到，柏拉图研究过逻辑学的根据并要求他的学生在论证的实践中训练自己。亚里士多德在柏拉图学园对修辞学和"辩证法"抱有浓厚的兴趣，促使他开始探索和创立逻辑学。

　　第三，关于本体论问题，柏拉图试图决定哪类事物是真实存在的，什么是世界所由组成的最基本的实体。柏拉图的本体论包含在他的理念论之中，理念论深奥晦涩，亚里士多德反对它，批判它，他试图发展出另一种本体论。

　　第四，柏拉图认为科学知识是对原因的寻求或对

事物的解释。他探讨了可以作出的解释的类型，以及现象能够而且也应该得到解释的条件。亚里士多德师承柏拉图的端绪而前进。他把知识与解释联系起来，他的科学研究所指向的目标首先是解释而不仅是观察和记录。

第五，关于知识本身的问题。柏拉图对话中的许多章节都是研究知识论问题。知识必须系统和统一，它的结构是逻辑给予的，它的统一则植根于本体论之

← 柏拉图画像

→柏拉图画像

中，知识在本质上是解释性的。

　　所有这些理论都是亚里士多德在柏拉图学园学到的。

　　作为学生，亚里士多德对老师十分尊重，但他从不在思想上受别人的束缚，他要形成自己独树一帜、富有个性的哲学体系。他说："虽然柏拉图和真理二者都是我的朋友，可是在二者之中，我还是先选择真理。"热爱一个人并不妨碍同时反对他的观点。柏拉图的理论对亚里士多德的影响是巨大的，但柏拉图的理

论也遭到亚里士多德的严厉批评。

　　亚里士多德批判了他的老师柏拉图的理念论，否定了柏拉图的理念概念的实体性，他说："任何一个一般的名词要成为实体的名称似乎是不可能的。因为……每个事物的实体都是它特有的，不属于其他任何事物。但是一般是共同的，之所以称为一般是诸如属于两个以上事物之类的。"接着，亚里士多德批判了柏拉图的"分有说"。柏拉图用分有说来解决理念与事物的关系。那么，

←柏拉图塑像

事物如何分有理念？谁来分有？是部分的分有还是全部的分有？亚里士多德的批判可以说抓住了柏拉图理论的要害，他一针见血地指出：理念论的根本错误就是割裂了一般与个别的关系，把一般当成了可以离开个别而独立存在的东西。

亚里士多德认为，一般决不能离开具体事物而存在，不能设想在个别的房屋之外，还有一般房屋。于是，亚里士多德提出了论证个别事物实在性的实体学说，真正的实体是不依存于它物而存在的东西，它不是毕达哥拉斯的数，也不是柏拉图的理念。

来到雅典，进入学园，成为柏拉图的学生，是亚里士多德生涯中具有决定性意义的事件。他承袭了柏拉图的思想精华，又不拘于老师的传统，形成了自己的哲学体系。

→柏拉图画像

相关链接

XIANGGUAN LIANJIE

阿卡德米学园

大约 2 000 年前，古希腊有两个著名的哲学家苏格拉底（公元前 469—公元前 399 年）和柏拉图（公元前 427—公元前 347 年）。

柏拉图是苏格拉底的学生。后来柏拉图学有所成决定像老师苏格拉底一样招收学生，向世人传授知识和思想。公元前 399 年，苏格拉底受审并被判处死刑，柏拉图对现存的政体完全失望，于是开始游遍意大利、西西里岛、埃及、昔兰尼等地以寻求知识。在他四十岁时他结束旅行返回雅典，并在雅典城外西北郊的圣城阿卡德米创立了自己的学校——阿卡德米学园，学园成为西方文明最早的有完整组织的高等学府之一。后世的高等学术机构也因此而得名，它也是中世纪时在西方发展起来的大学的前身。阿卡德米坐落于一处曾为希腊传奇英雄阿卡得摩斯住所的土地上，因而以此命名，后人称为希腊学园。学园的学生来自雅典和希腊的许多城邦。在学园里，柏拉图除了讲授哲学外，还教授数学、天文学、物理学、心理学、音乐理论等，采用苏格拉底的问答法授课，和学生亲切交谈，在回答中传授知识。柏拉图在学园里一边讲学，一边著书，前后40年，直至去世。

　　学园受毕达哥拉斯的影响很大，课程设置类似于毕达哥拉斯学派的传统课题，包括了算术、几何学、天文学以及声学。据说，柏拉图在学园门口立了块碑"不懂几何者不准入内"。学园培养出了许多知识分子，其中包括亚里士多德。

← 柏拉图画像

亚 历山大大帝的老师

唯有创造才是欢乐。

——罗曼·罗兰

公元前347年，亚里士多德离开雅典。由于受到同窗好友赫尔米亚斯的邀请，他来到了小亚细亚北部的阿塔尔纽斯城。

赫尔米亚斯是个声名不佳的人物，出身奴隶，精明能干，被选作内廷侍从，后来在密西亚地区伊达区经营采矿业谋取暴利而成为富豪，并进而成为当地侯王。他在政治上立场不稳，开始依附波

← 亚历山大大帝塑像

→亚历山大大帝塑像

斯，后来投靠菲利浦。但赫尔米亚斯对朋友却两肋插刀，肝胆相照。在阿卡德米学园时，他很崇拜欣赏亚里士多德。他一经得势，专制一方，就从阿卡德米请来4位哲学家：亚里士多德、赛诺克拉底、柯里斯柯斯和埃拉托斯。赫尔米亚斯一面维护抽象的平均主义，一面进行掠夺财富的强盗行为。但亚里士多德不能制

止他。他为亚里士多德提供了许多帮助。他在阿索斯海滨建了一幢别墅，供哲学家们讨论问题。4位哲学家不问政事，在此度过了3年安静的生活，并与赫尔米亚斯结下了深厚的友情。

在此期间，亚里士多德在恋爱方面取得了意想不到的成功。在赫尔米亚斯的赞助下，他同小亚细亚的皮贾丝——一个有双重皇族身份的女郎举行了结婚大典。皮贾丝是赫尔米亚斯的侄女和养女。亚里士多德

←亚里士多德塑像

亚里士多德塑像

为情爱而结婚，当然也乐于接受新娘带来的丰厚嫁资。

可是好景不长，波斯军队的铁蹄踏上了小亚细亚。赫尔米亚斯被擒解到波斯王那里，受到严刑拷打，最后被钉死在十字架上。他的遗言是："请告诉我的朋友和同事们，我没有做任何为哲学所不齿的事。"

为了避免遭到相同的命运，亚里士多德就和妻子逃往米底勒尼，并在该地居住下来。他为赫尔米亚斯在德尔斐立了一个纪念像，并刻有铭文，此铭文至今尚存。从这铭文我们得知赫尔米亚斯是被奸计和叛逆所害才落入波斯人之手的。

亚里士多德结识了泰奥弗拉斯托斯，以后他成为亚里士多德最亲密的朋友和助手。泰奥弗拉斯托斯生于公元前370年左右，比亚里士多德小14岁，本来也是阿卡德米的学员，后跟随亚里士多德25年，共同合作。有人认为，现存亚里士多德著作中，有一部分出于泰奥弗拉斯托斯之手。他们两人一起在小亚细亚对各种动物进行了详尽的考察。一般认为，亚里士多德卷帙浩繁的动物学、植物学著作多撰成于此时。

公元前343年，马其顿王菲利浦邀请亚里士多德

← 亚历山大大帝画像

→亚历山大大帝塑像

到珀拉宫廷，给他的儿子、未来的君主亚历山大做老师。菲利浦有一封著名的邀请亚里士多德去任教的信，这封信至今还保存着。菲利浦写道："我有一个儿子，感谢神灵赐我此子，还不若感谢让他生于你的时代。我希望你的关怀和智慧将使他配得上我，并不负于他未来的王国。"

　　亚历山大成为马其顿国王后，在连绵欧亚非三大洲的广阔土地上，建立起一个庞大的帝国。正是这个大帝国开创了希腊的外部极盛时期，把希腊文明推广到更广阔的世界。

　　在人类历史上，当亚历山大的老师是一种光辉的命运。在宫廷里，亚里士多德很受菲利浦和王后奥林比娅的恩宠和尊敬。当时的菲利浦正在做着征服世界的美梦，他想称霸全希腊，战胜宿敌波斯，建立一个旷古未见的世界帝国。当时王子亚历山大是一头未经驯化的小狮子，他好大喜功，专横霸道，性情狂暴。

　　亚里士多德的目标是培养和发展亚历山大的人格。

亚历山大大帝画像

亚历山大大帝出征图

他以深刻的、通达的、有抽象思维作用的形而上学影响着亚历山大；他诚恳认真地对待他的学生，没有采用一般的浅薄的教育王子的方法来教育他。亚里士多德作为一个伟大的先哲，他知道什么是真理，什么是真的文化教养。亚历山大的精神和事业的伟大有力地驳斥了思辨哲学对于实践无益的流行说法。

据说，亚里士多德改编了一部分荷马史诗，要亚历山大向英雄人物学习，亚历山大非常喜爱《荷马史诗》，崇拜史诗中的英雄阿溪里，并在自己的事业中努力模仿他。

公元前336年，亚历山大即位为王。

公元前335年，亚历山大自任马其顿希腊联军最

高统帅，开始了历史上最著名的东征。他东渡赫勒斯
滂海峡，夺回了被波斯占领的小亚细亚，又挥师南下
进入埃及，在尼罗河三角洲建立了一座城市，用自己
的名字命名为"亚历山大里亚"。接着他率军向东进

← 亚历山大大帝与他的远征军

亚历山大大帝与狮子搏斗

发，经过巴勒斯坦、叙利亚和美索不达米亚，深入到波斯腹地，洗劫了巴比伦、苏萨和波斯波利斯的王宫，推翻了波斯阿里门尼斯王朝。这样，经过 10 年的远征，亚历山大在辽阔的土地上建立起一个前所未有的庞大帝国。

　　亚历山大的远征把希腊的文化传布到亚细亚，使希腊的文化、希腊的科学在当时处于分散、混乱、落后的亚细亚生了根。亚里士多德对亚历山大的教育得到了最好的见证。

　　黑格尔曾高度评价亚里士多德对亚历山大的哲学教化。他认为亚历山大在亚里士多德的教育下，"他的精神秉赋的特有的伟大、那自然的本性，得到了内在

的释放，被提高到完满的、自觉的独立，……他达到了这种对自己的完满的确信，这种确信是只有思想的无限勇敢才能给予的；他达到了不为特殊的、狭隘的计划所限，并将这些计划提高到一个完全普遍的目的，去将世界建设成一个普遍地互相往来的社会生活，建立一些不受偶发的个性所控制的国度。"

在征战中，亚历山大并未忘记他的老师。有一则动人的传说，曾讲到亚历山大大帝为亚里士多德了解动物本性的欲望所鼓舞，在全希腊和小亚细亚地区安

黑格尔曾高度评价亚里士多德对亚历山大的哲学教化。

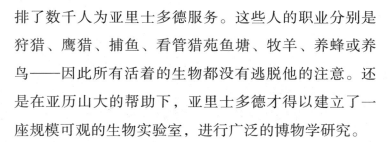

排了数千人为亚里士多德服务。这些人的职业分别是狩猎、鹰猎、捕鱼、看管猎苑鱼塘、牧羊、养蜂或养鸟——因此所有活着的生物都没有逃脱他的注意。还是在亚历山大的帮助下，亚里士多德才得以建立了一座规模可观的生物实验室，进行广泛的博物学研究。

亚历山大为老师亚里士多德提供充足的科研经费和数目可观的仆从。在他东征西讨、戎马征战之中，还念念不忘老师的科学研究，每遇珍禽异兽、奇葩异草，便派人收集送给老师。亚历山大还下令为亚里士多德搜集各城邦的法律政制资料，为亚里士多德的政治学研究提供帮助。

亚历山大与亚里士多德，一位是当时最杰出的军事和政治天才，是横跨三大洲的马其顿国王；一位是学术殿堂的泰斗，最博学最智慧的学者。尽管有人认为，两者的相遇后来被蒙上了传奇的色彩，但他们的交往确实是历史上一段耐人寻味的佳话，在一定的意义上，也可以说他们的相遇是历史的幸运。

吕克昂学园

> 毅力是永久的享受。
>
> ——布莱克

公元前335年，亚里士多德返回雅典。

重返雅典后的第一件大事，就是在吕克昂建立讲坛。吕克昂是雅典一座古老的运动场。它坐落在雅典

吕克昂学园遗址

亚里士多德在吕克昂学园教学时的画像

东北角的城墙外面，和西北面的阿卡德米隔城相望。
从历史地图上看，两处相距恐怕不会超过2 000公尺。
这历来是多才善辩之士所云集之处，苏格拉底学园就
开设在这里，苏格拉底在世时也多次到这里来。

　　柏拉图在对话里有这方面的记述，特别是在《吕
西斯》篇开头描写得更具体。苏格拉底说："为了走城
外的路，我沿着城墙从阿卡德米直接走向吕克昂，来
到傍着潘诺浦泉的后门口时，碰到了海朗尼莫斯的儿

子希波泰利士。"这句话说得很清楚，沿着雅典旧城的北墙，经过后门，从阿卡德米就直接走到吕克昂。

吕克昂这个地名的由来，是因为在运动场的丛林里有一座"如狼的阿波罗"神庙，阿波罗前被加上"如狼的"这个称号，可能是因为把他当作牲畜的守护神，可能是由于他显形如狼，吕克昂就是"如狼的"这个词的音译。

←亚里士多德画像

←柏拉图塑像

亚里士多德在吕克昂学园执教达13年之久。吕克昂学园有一定的规章制度，但它毕竟是一所新建的学校，在其创建之初，没有完备的教学设备，它的要求也没有像阿卡德米学园那样严格正规，学员服装不要求统一，发式也不一样。他们在体育场的回廊上讲授课程。亚里士多德上午带领高年级学生一边散步，一边广泛的探讨问题，下午在运动场的回廊里，向低年级学员讲授基础课。亚里士多德经常与学生在林荫道上散步，讨论深奥的逻辑、物理学和形而上学的问题，因此他和他的弟子被称作"漫步学派"或"逍遥学派"。

此时，希腊内部已停止了各邦间旷日持久的战争消耗，社会稳定。年过半百的亚里士多德以人们难以

想象的毅力投身工作。经过多年的辛勤努力和不懈的学习研究，学术水平逐渐进入巅峰时期。

作为吕克昂学园的园长，在自己优美的学园里，他头顶秃秃，大腹便便，衣着华丽，两腿修长，眼睛炯炯有神，精力旺盛。他在教室里从不坐下来讲课，

← 亚里士多德塑像

吕克昂学园遗址

像铁笼中囚禁的野狮，一边讲课一边踱来踱去，因此人们叫他"散步的哲学家"。

这一时期是亚里士多德一生中真正的学术高峰期，他的见解也逐步脱离柏拉图思维的固定模式，走上独立探索的道路，形成吕克昂独立的学风。他流传下来的学术成就，已成为人类最宝贵的文化遗产。

亚里士多德学识渊博，一生著述繁多，有人说其著作达400部，有人说上千部，但现今仅存47部。现存的这些著作是经后人考证、校勘、编纂整理而成的。其中以讹传讹、疏漏不当之处在所难免。但多数材料可信，可作为研究亚里士多德的基本依据。在西方学术界，自古以来对他的著作有一种传统分类法：一类

是为一般大众所写的对话形式的通俗读物；另一类是在学园为学生写得比较深奥的讲稿与笔记。前一类多已失传；后一类即今日存留的作品。这情形恰恰与他的老师柏拉图相反，柏拉图仅存对话，讲稿俱失。

根据多数研究者的意见，一般把亚里士多德现存的著作分为五大部分：一、自然科学，主要有《天文学》《气象学》《植物学》《动物学》《论灵魂》等；二、哲学，主要有《形而上学》《物理学》等；三、政治伦理学，主要有《尼各马可伦理学》《政治学》等；四、美学，主要有《诗学》《修辞学》等；五、逻辑学，主要有《工具论》等。

这些著作命运坎坷，几经波折。亚里士多德死后，遗著原稿由弟子德奥弗拉斯特保存；德奥弗拉斯特死后，由他的同学奈勒乌保存；奈勒乌死后，他的后裔将手稿藏入地窖，摞置了130年，以至于忘记了手稿的贮藏地点。最后还是由德奥弗拉斯特的后裔几经寻找，这些手稿才得以重见天日。

后来，一个名叫阿柏康利的书商将亚里士多德的手稿买去。书商死后，罗马统帅苏拉率军征服希腊，这些手稿也成为罗马军队的战利品之一。公元前60—50年左右，吕克昂学园当时的主持人安德罗尼柯对这些手稿进行了编订整理。罗马帝国崩溃后，亚里士多德的著作辗转落入阿拉伯人之手。此后，欧洲人对亚里士多德几乎一无所知。

直到公元12世纪，这些著作由约翰·艾文戴思和多米尼克·贡迪萨尔维由阿拉伯文译成拉丁文。但因原著几经转抄、翻译，谬误颇多。公元13世纪，十字军东征，把亚里士多德著作的希腊文原稿带回欧洲。摩尔诺克的威廉将其由希腊文直接译成拉丁文，人们终于得见亚里士多德著作的原貌。

尽管找到了亚里士多德的手稿，但教会权威仍对他的著作和学说持怀疑态度。公元1215年，巴黎大学曾明文规定，禁止研究亚里士多德的著作。公元1231年，教皇格雷果里也下过类似的命令。直到教会神学家托马斯·阿奎那用基督教精神修饰了亚里士多德的思想。正如列宁说的那样，"僧侣主义扼杀了亚里士多德学说活生生的东西，而使僵死的东西万古不朽。"此时，教会权威才意识到亚里士多德哲学对宗教的价值。从此，亚里士多德身价倍增，被奉为经院哲学的最高偶像。14世纪巴黎的文教法令把亚里士多德的著作和《圣经》一并规定为学院的必修课程和判断是非的最高权威。

文艺复兴运动兴起，宗教神学成为众矢之的，亚里士多德的学说亦在劫难逃。近代哲学在清算经院哲

学时也批判了亚里士多德。但这使亚里士多德哲学从僧侣主义的歪曲中得以恢复原貌，人们逐渐认识到亚里士多德哲学的真正价值。

　　亚里士多德虽师从柏拉图，却与柏拉图的思想有所区别，图为柏拉图塑像。

相关链接
XIANGGUAN LIANJIE

苏格拉底

苏格拉底出生于希腊雅典一个普通公民的家庭。其父亲是雕刻匠，母亲是助产妇。苏格拉底的相貌平凡，但其却有神圣一般的思想，苏格拉底一生不识字，其生平事例，成就思想，均是其弟子所记载的。

苏格拉底早年继承父业，从事雕刻石像的工作，后来研究哲学。他在雅典和当时的许多智者辩论哲学问题，主要是关于伦理道德以及教育政治方面的问题，苏格拉底被认为是当时最有智慧的人。作为公民，苏格拉底曾三次参军作战，他在战争中表现得顽强勇敢。此外，苏格拉底还曾在雅典公民大会中担任过陪审官。在雅典恢复奴隶主民主制后，苏格拉底被控，以藐视传统宗教、引进新神、败坏青年和反对民主等罪名被判处死刑。他拒绝了朋友和学生要他乞求赦免和外出逃亡的建议，饮下毒酒自杀而死。在欧洲文化史上，他一直被看作是为追求真理而死的圣人，几乎与孔子在中国历史上所占的地位相同。青少年时代，苏格拉底曾跟父亲学过手艺，熟读荷马史诗及其他著名诗人的作品，靠自学成了一名很有学问的人。他以传授知识为生，三十多岁时做了一名不取报酬也不设馆的社会道德教师。许多有钱人家和穷人家的子弟常常聚集在他周围，跟他学习，向他请教，苏格拉底却常说："我只知道自己一无所知。"

苏格拉底一生过着艰苦的生活，无论严寒酷暑，他都穿着一件普通的单衣，经常不穿鞋，对吃饭也不讲究。但他似乎没有注意到这些，只是专心致志地做学问。他提倡人们认识做人的道理，过有道德的生活，他的哲学主要研究探讨的是伦理道德问题。

苏格拉底无论是生前还是死后，都有一大批狂热的崇拜者和一大批激烈的反对者。他一生没留下任何著作，但他的影响却是巨大的。哲学史家往往把他作为古希腊哲学发展史的分水岭，将他之前的哲学称为前苏格拉底哲学。作为一个伟大的哲学家，苏格拉底对后世的西方哲学产生了极大的影响。

"哲学家之王"

成功常常属于最有力量者。

——伏尔泰

亚里士多德是希腊哲学家中最博学的人，是古代最伟大的思想家。黑格尔把他称为"一切哲学家

黑格尔画像

的老师。"

一些学者曾指出亚里士多德对哲学两项最伟大的贡献：

首先，亚里士多德第一个明确规定了哲学（他自己称作"第一哲学"）的对象。在《形而上学》一书中，他指出哲学的对象是"不动的、可以分离的本体。"哲学专门研究"作为存在的存在。""作为存在的存在"即是指一般的普遍的存在，是存在自身。而一切存在的中心点就是"本体"。总体上看，亚里士多德认为哲学所研究的乃是为其他科学当作出发点的终极本体，是集一切经验科学知识的全体。从巴门尼德的"存在"到亚里士多德的"作为存在的存在"，哲学终于确立了自己的专门领域。

其次，亚里士多德在哲学史上的独特地位还在于他在《形而上学》一书中提出了哲学所必须研究和解决的13个问题：

（1）四种原因是否统一由一门科学研究？

（2）研究本体的学问是否同时也研究各门科学的普遍性？

（3）哲学是否要研究一切本体？

（4）有无不可感觉的本体？

（5）哲学是否还要研究事物的主要属性？

（6）事物的第一原理是属还是种？

（7）有没有脱离个体而独立的抽象？理念是否可以和物体分离？

（8）第一原理在数目上有限，还是在种上有限？

（9）可毁灭的事物和不可毁灭的东西其原理是否相同？

（10）存在和单一是本体呢还是属性？

（11）第一原理是普遍的，还是特殊的？

（12）第一原理是潜在的，还是现实的？

（13）数理对家是不是本体？

这些问题，有许多后来一直是西方哲学所争论的中心。马克思和恩格斯曾称赞亚里士多德是"古代最伟大的哲学家"，对此盛誉，亚里士多德当之无愧。

在亚里士多德看来，哲学是关于首要的和最普遍的原因的知识，是关于事物第一因的知识。哲学的核心就在于认识实体。

亚里士多德认为，他的老师柏拉图的哲学无助于人们认识实体。他抓住柏拉图早期理念论中理念和事物、一般和个别分离的缺点，深刻地批判了自己的老师。他认为，第一，理念论为了寻求事物的原因，在事物之处设定了一个独立存在的理念。这种空洞、抽象的理念脱离了个别事物，"毁坏"了事物的存在。理念作为个别事物中的共性，只能在个别事物中存在。因此，事物对人们来说，比理念更加重要。第二，理

←亚里士多德和柏拉图画像

雅典卫城

念论为了摆脱理念脱离事物的矛盾而主张事物分有理念，陷入了逻辑混乱。如果说否定的、可生灭的、无法独立存在的事物，都分有理念，必然导致和理念是善的、永恒的、实在的规定相矛盾，等于承认非善的、可变的，不实在的理念存在。而且，在各自独立的理念和事物之间，就会推出作为二者之间共性的第三者。以此类推，就会产生无穷的理念，达不到整个世界的最终统一。第三，理念和事物相分离，既不能引起事物的产生、运动，又不能帮助我们认识事物。人们对事物的认识也不会来自对理念的"回忆"，而只能来自对事物自身的认识。

　　抛弃理念论，寻找不脱离具体事物的实体，解决

本体和变体的矛盾，就成为亚里士多德哲学研究的中心任务。他对实体的探索有一个前后不同的变化过程。在《范畴篇》里，他把存在分为10个范畴：实体、性质、数量、关系、地点、时间、姿态、状况、活动、遭受。他认为实体有4个基本特征：第一，实体不表达别的东西，而别的东西都表述实体；第二，实体不在其他东西，而其他东西都在实体之中；第三，实体是一个独立存在的个体；第四，实体是变中的不变。因此，实体和存在的其他范畴相比，是最根本的存在。

柏拉图与亚里士多德塑像

→亚里士多德画像

根据上述原则，他一反柏拉图认为越抽象、越一般的东西就越实在的观点，主张越具体、越个别的事物越具有实体性。因为事物越个别，越无法说明其他事物，只能用其他东西来说明；越不能被其他东西包括，就只能包括其他东西；无论具体性质怎样变化，这个个体性总保持不变。在所有说明个别事物的其他东西中，只有事物的种和属不能为个别事物包括，而且能说明个别事物的本质，其他东西都可看成是种属的属性，因此，种属也具有实体性。在个别事物和种属这两种实体性之间，个别事物的东西，是第一实体。他承认个别事物是第一实体，有唯物论的倾向；但他认为一般性的种属是第一实体之外的第二实体，仍然没有摆脱一般和个别分离的矛盾，只不过将二者的关系颠倒过来罢了。

亚里士多德提出四因论来克服一般和个别相分离

的矛盾。他认为事物的原因有4个：一、质料因，即构成事物存在的材料；二、形式因，即构成事物存在的原型；三、动力因，即推动质料与形式结合的力量；四、目的因，即事物存在、运动所追求的目的。对质料来说，形式既是它追求的目的，又是推动它发展的动力。因此，动力因、目的因都可以归结为形式因而同质料因相对立。所以，四因归根到底是两因：质料因和形式因。

← 亚里士多德塑像

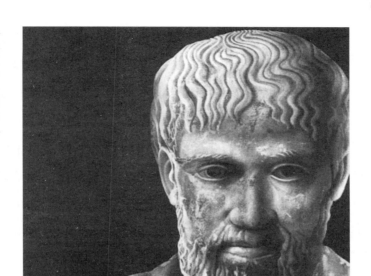

→亚里士多德画像

　　质料和形式的区别也不是绝对的。一种质料对较高一级的形式而言是质料，对较低一级的质料而言又是形式。例如构造房屋的砖、瓦，对于房屋来说是质料，对于构成它的泥沙来说又是形式。以此类推，便构成了一个由低级到高级的质料形式关系的不同层次的系统。在这一系统中，越低级的包含的形式越少，越高级的包含的形式越多；系统的两端便是无形的纯质料和无质料的纯形式。他用潜能和现实来解释质料和形式的关系。潜能是指能够运动还没有运动，现实是指正在运动的或已经完成了的运动。质料是潜在的，具有能够表现为个别事物的可能性；形式是现实的，推动质料由潜能变为现实，表现为个别事物。因此，质料和形式是构成实体的两个因素。

根据质料和形式的关系，亚里士多德又提出了三种实体：一是质料，二是形式，三是二者的组合物。质料不能被其他东西包括，只能为其他东西说明，是没有任何性质的最基本的东西，应该是最后的实体。但质料没有任何性质，也无法把质料区分，也就不能成为个体。所以，质料不是最后的实体。组合物（即个别事物）虽然有个体性、分离性，但这种个体性，

←苏格拉底、柏拉图、亚里士多德被称为古希腊三大哲学家，图为苏格拉底塑像。

油画苏格拉底之死

分离性是由包含其中的形式决定的。因此，只有形式（即种属）是最后的实体。根据越高级的形式越没有质料因素的原则，那个没有质料的纯形式才是最高的绝对实体。它作为形式因是没有质料的纯形式，作为动力因是不动的推动者，作为目的因是至善。由于它造成运动，因而是纯现实的；由于它至善无缺，因而是理性。在这里，种属作为一般与个别事物的关系有了进步，但个别事物却由第一实体降为在一般之下的第二实体。

解决了什么是实体的问题，亚里士多德还对实体进行了具体的考察，他认为，实体作为个别事物，也

就是自然，它本性就是运动变化，没有什么在事物之外的运动。运动的形式主要有四种：本质的生灭，性质的变化，量的增减，空间的位移。自然的世界是一个由潜能到现实的有目的的必然过程。由于质料和形式结合的层次高低不同，自然界也分为不同的等级，目的性通过这些不同等级由潜能转化为现实。在低级的无生命的自然界，目的只是一种潜能，在高级的有生命的自然界，目的则表现为生命的灵魂。

亚里士多德由灵魂问题转入对思维活动的研究。他认为有三种灵魂：植物灵魂，即营养和生殖能力；动物灵魂，即感觉与行动能力；理性灵魂，即思维活动。植物只有植物灵魂，运动兼有植物和动物两种灵魂，人则兼有植物、动物、理性三种灵魂，但主要由感觉和理性构成。

亚里士多德阐述了感觉和理性在人的思维活动中的作用。他认为，离开感觉，没有人能够理解任何东西，感觉是认识的基础。感觉的对象在感觉以外存在，先于感觉存在。因此，感觉必须从感觉以外的客观存在出发。客观存在作用于人的心灵，如同图章作用于蜡块，感觉则是事物在心灵这个蜡块上留下的印痕，因此，感觉的正误取决于对事物的符合程度，即反映事物中可感觉的形式的程度。他认为，感觉虽然可以给个别事物以最重要的认识，但不能告诉我们任何事物所以然之故；最普遍的东西远离感觉，是人类最难知的，但在感觉的基础上，通过理性活动，可以逐步加以认识；因此，感觉需要向理性发展。

他认为理性有两个特点，一是以自身为对象，自满自足，不依赖任何别的东西；二是绝对的"善"，善是事物中的秩序，即目的性，也是在事物之外秩序的安排者，事物的善依赖于绝对的善。据此，他把理性分为三种：被动理性，即包含在个别事物中的形式；积极理性，即人的思维；最高理性，即神，是被动理性和积极理性的决定者。他认为，认识事物也就是积极理性认识被动理性。被动理性潜在地是任何可思维的东西，积极理性则具有能够接纳一个对象的形式的

亚里士多德塑像

阿拉伯人描绘的亚里士多德上课图

能力，同存在于事物之中的被动理性相结合，便达到了感觉不能达到的，对事物"所以然"，即事物本质的认识。这种认识实际上就是理性的自我认识。因为思维者和被思维者是一样的，都是理性的。这种观点已经有了思维和存在相统一的思想。

纵观亚里士多德的整个哲学，可以看到他对古代哲学的重大发展。他的成绩主要表现为：第一，质料与形式相统一的思想，他的纯质料是古代第一个较抽象的、一般的物质概念；他强调只有质料和形式结合才能构成事物，主张以个体事物为实体，具有唯物论的倾向，在一般和个别的关系上比柏拉图有所进步。第二，潜能与现实相统一的思想；他把质料看成是一种潜在的可能性，具有相对的普遍性，开始摆脱古代哲学中目的论与机械论的对立。第三，物质和运动相统一的思想；他把运动看成是物质的本性，把世界看成一个运动、变化、发展的有目的的理想系统，具有辩证法的因素。第四，感性和理性两种认识的思想，

→古希腊建筑

他认识到感觉是认识的来源、基础及其存在局限性；认识到理性有能够认识事物本质的能力。第五，思维和存在相统一的思想，他认识到理性和认识对象的一致性，并且有主观逻辑和客观逻辑相一致的思想。

亚里士多德的哲学也有其局限性，这主要表现在：第一，纯质料和纯形式相分离；质料和形式的统一仅仅是相对的，并未完成脱离古代哲学在变体之外找本体，个别之外找一般的缺陷，仍未解决一般和个别的对立。第二，实体学说的矛盾；他未能说明种属和事物的真正关系，是有形还是无形？在事物之中还是在事物之外，他一方面承认个体事物是实体，一方面又认为精神性的"纯形式"，"不动的推动者"，"至善""神"是最高的本体，他的哲学具有动摇于唯物论和唯心论之间的二元论性质。

尽管亚里士多德哲学存在一定的局限，但他的学说是西方思想史上第一个较完整的体系。中庸之道和理性的沉思即是他所倡导的人格，也是他全部思想的基本特征。恪守中庸有利于他博采众长，兼收并蓄各家之说，摆脱前人学说的片面性、狭隘性；但也导致他不能首尾如一。崇尚理性、沉思，有利于他的哲学冲破朴素、直观的旧传统，走向深刻、思辨、概念化和逻辑化，但也导致了他过于重视理性，最终逾越了

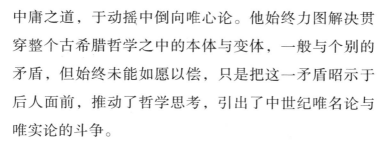

中庸之道，于动摇中倒向唯心论。他始终力图解决贯穿整个古希腊哲学之中的本体与变体，一般与个别的矛盾，但始终未能如愿以偿，只是把这一矛盾昭示于后人面前，推动了哲学思考，引出了中世纪唯名论与唯实论的斗争。

从12世纪起，亚里士多德的思想渐渐渗透到一切领域，在整整4个世纪中，亚里士多德的哲学以无人挑战的势力称雄西方。

"叙述亚里士多德对后世理智上的影响其实就是一部欧洲思想史。"他的学说和信念给人们提供了现成的真理。在他之后的哲学家、科学家、历史学家和神学家、诗人和剧作家的作品中都能看到他的思想以及对其思想的反思。还有一部分影响则是细微渐进、潜移默化的。亚里士多德思想的结构和内容在后来人的思想上深深地打上了烙印。他的概念和专门术语充当了哲学和科学发展的媒介，即使是反对亚里士多德的激进思想家也发现他们是在使用亚里士多德的语言在反对他。

"当我们今天谈论形式与质料、种与属、能量与潜能、本体与性质、偶然与本质时，我们就是在不知不觉地使用亚里士多德的语言并且用2 000年前在希腊已经锻造好了的概念和术语思考问题。"

　　马克思和恩格斯都对亚里士多德的哲学给予了公正的评价。恩格斯认为，亚里士多德"已经研究了辩证思维的最主要的形式"，称他为"古代世界的黑格尔"。列宁认为，"亚里士多德对柏拉图的理念的批判，是对唯心主义，即一般唯心主义的批判"，称赞他关于知识的对象先于知识本身而存在的思想紧密地接近唯物主义"，"对于认识的客观性没有怀疑，对于理性的力量，对于认识的力量、能力和客观真理抱着天真的信仰。"

　　无论不同时代的人们对亚里士多德的评价多么不同，有一个事实无可怀疑：他为人类探索真理开拓了道路，他的思想是人类的一笔精神财富。

← 亚里士多德画像

柏 拉 图

柏拉图（公元前427年—公元前347年），古希腊伟大的哲学家，也是全部西方哲学乃至整个西方

→柏拉图塑像

文化最伟大的哲学家和思想家之一，他和老师苏格拉底，学生亚里士多德并称为古希腊三大哲学家。

柏拉图是西方客观唯心主义的创始人，其哲学体系博大精深。柏拉图认为世界由"理念世界"和"现象世界"所组成。柏拉图认为人的一切知识都是由天赋而来，它以潜在的方式存在于人的灵魂之中。因此知识不是对世界物质的感受，而是对理念世界的回忆，教学目的是恢复人的固有知识，教学过程即是"回忆"理念的过程。同时他又认为学生是通过理念世界在现象世界的影子中才得以回忆起理念世界的，承认感觉在认识中的刺激作用。他特别强调早期教育和环境对儿童的作用。认为在幼年时期儿童所接触到的事物对他有着永久的影响，教学过程要通过具体事物的感性启发，引起学生的回忆，经过反省和思维，再现出灵魂中固有的理念知识。就此而言，柏拉图的教学认识是一种先验论。

柏拉图的教学思想几乎涉及教学领域中的所有重要方法。他第一个确定了心理学的基本划分，并使之与教学密切联系起来。他继承并发展了斯巴达的依据年龄特征划分教学阶段的教学理论，在教学的具体内容、形式、方法和手段上则更多地总结与采用了雅典的经验，提出了全面、和谐发展的课程体系。他十分注重在教学中发展学生的思维能力，强调探讨事物的本质，这些都给了后世教育家们以巨大的影响和启迪。

但是，柏拉图夸大了理性发展在教学中的意义。他主张的通过回忆和沉思冥想以致知的教学过程，反映了其对掌握知识理解中的唯心主义倾向。特别是他把理性绝对化、孤立化，使感觉和理性之间对立起来的思想，以致成了中世纪经院派教条主义教学方法的理论基础。他有一句名言：不知道自己的无知，乃是双倍的无知。

柏拉图画像

形式逻辑的创始人

生命的第一行动是创造的行动。

——罗曼·罗兰

亚里士多德的影响在许多不同的领域里都非常之大，但以在逻辑学方面为最大。在逻辑学方面，他始终保持着至高无上的地位。

拉姆斯试图用他的修辞论辩法来代替亚里士多德逻辑，培根企图用他的《新工具论》来取代亚里士多德的《工具论》，都未能获得成功。难怪康德评论说：逻辑在其创始人亚里士多德那里就已经完成并完善了，以致以后它再也没有能够前进一步。这种观点固然有些绝对，但反映出亚里士多德的逻辑学说经历了2 000多年的检验，影响甚远。

亚里士多德一生写过许多逻辑著作。这些著作被收集在《工具论》中，其中各篇依次的顺序是《范畴篇》《解释篇》《前分析篇》《后分析篇》《论辩篇》《辨谬篇》。而且在《形而上学》和《修辞学》中也有一些关于逻辑的论述。此外还遗失了一些逻辑著作。为了比较清楚地说明亚里士多德的逻辑思想，我们先把《工具论》的内容简介如下：

《范畴篇》主要讨论语词和语词的意义，共15章。第1、2、3、4章讨论了同义词、多义词以及在语言表达中语词的表达形式和组合形式。第5至第9章讨论了实体、量、质、关系、地点、时间、位置、状态、活动、遭受，这样10种范畴，这是《范畴篇》的主要部分。第10至第15章讨论了"对立""反对"等一些常用术语的含义。中世纪称这一部分为次范畴。

画中央站立者为柏拉图和亚里士多德

　　《解释篇》主要讨论了命题的形式和命题之间的关系。第1章讨论语言和思想之间的关系，第2、3、4章讨论名词、动词和语句。在其他几章中讨论了命题的全称肯定、全称否定、特称肯定、特称否定的形式及其相互关系，讨论了单称命题、也讨论了模态命题。

尤其是第9章，探讨了排中律的问题，涉及多值解释。

《前分析篇》主要讨论了三段论推理，共分上下两卷。重点在上卷，其中第1至第7章讨论了直言三段论的系统，3个格，14个正确的式。第8至第22章探讨了模态三段论。23章以后是对三段论系统的补充说明。可以说，1—7章、23、25、27、30章再加上《后分析篇》的一些论述，构成亚里士多德完整的三段论

伦勃朗油画作品《亚里士多德对荷马的头作冥想》

演绎系统。

《后分析篇》主要讨论了有关科学证明的理论。共分上下两卷。上卷1—13章探讨了科学证明的前提或原则；14—29章探讨了科学证明的性质；30—34章比较了科学与其他一些认识。下卷共19章，主要探讨了科学证明的发现和认识方式，讨论了定义问题。

《论辩篇》主要讨论了两人在辩论中应该采用的方法，共分8卷。第1卷是全书的概论，指出其目的并提出辩论所依据的方法——四谓词（定义、固有属性、属、理性）理论；第2卷和第3卷是关于偶性的建立与反驳；第4卷是关于属的建立与反驳；第5卷是关于固有属性的建立与反驳；第6卷和第7卷是关于定义的建立与反驳；第8卷是关于如何提高与反驳。

《辩谬篇》主要讨论语言的歧义问题和揭露诡辩。许多人认为这是《论辩篇》的第9卷。共分两部分，第一部分是前5章，主要探讨谬误发生的情况和根源；第二部分是后19章，主要论述了解决谬误的方法。

《工具论》中这些逻辑著作的题目不是亚里士多德使用的，它们的顺序也不反映它们完成的先后年代，因为这是古希腊哲学家安德洛尼科在公元前1世纪编辑整理出来的，似乎是按照概念、命题、推理这样一种顺序排列的。

古希腊建筑

　　四谓词理论是亚里士多德早期形成的第一理论。这里，他研究了一个命题"S是P"中谓词对主词的表述关系。主词是类概念，根据主词和谓词可以互换谓述或不可互换谓述以及表示本质或不表示本质的原则，谓词对主词有4种表述关系：定义、固有属性、属、偶性。对于主词的量词，对于连词"是"的性质没有做任何会分析。可以说，这是对"S是P"这样的命题最初的分析。

　　在后来的命题学说中，亚里士多德对"S是P"这一命题进行了进一步的分析。通过对命题表述形式的分析，命题分为肯定的和否定的，即：

"S是P"和"S不是P"。

通过对主词的分析，命题分为全称的、特称的、不定的、单称的，即：

"每一个S是P。"

"有的S是P"，

"S是P"，

"a是P"（a是某一个体）。

加上否定的形式，就得出：

"每一个S是P"，

"没有S是P"，

"有S是P"，

"有S不是P"（并非每一个S都是P），

"S是P"，

"S不是P"，

"a是P"，

"a不是P"。

加上不定词"不"或"非"的使用，就可以得出：

"每一个S是P"，

"每一个S是非P"，

"每一个非S是P"，

"每一个非S是非P"。

"没有S是P"，

"没有S是非P"，

"没有非S是P"，

"没有非S是非P"。

"有S是P"，

"有S是非P"，

"有非S是P"，

"有非S是非P"，

"有S不是P"，

"有S不是非P"，

"有非S不是P"，

"有非S不是非P"。

　　概括地说，亚里士多德把一个命题的结构揭示如下：

　　（每一个／有些）（非）S（不）是（非）P。因此，对"S是P"这样形式的命题进行了深入的分析。

　　亚里士多德最成熟的逻辑理论三段论是在"S是P"这种命题分析的基础上，排除不定命题和单称命题，用全称肯定命题、全称否定命题、特称肯定命题、特称否定命题构成的推理。

　　亚里士多德在逻辑学上最重要的工作就是三段论的学说。一个三段论就是一个包括有大前提、小前提和结论3个部分的论证。亚里士多德认为："三段论是

←亚里士多德塑像

论说，在其中某些东西陈述出来以后，与之不同的另一个东西就由之必然地得出来。"那先陈述出的叫前提，那由前提必然推论出来的叫结论，研究前提与结论之间必然联结的结构形式就是三段论。

> 最为人所熟知的就是下面这种三段论：
> 所有的人都是要死的（大前提），
> 苏格拉底是人（小前提），
> 所以苏格拉底是要死的（结论）。

现代著名逻辑学家卢卡西维茨认真鉴定了亚里士多德三段论的标准形式，认为是这样的：

> 如果A表述所有的B，
> 并且B表述所有的C，
> 那么A表述所有的C。

可以看出，三段论是一种很像代数学里的公式那样的抽象形式结构，这种形式很严密，它不问这里的A、B、C具体所指的是什么东西，只要一个陈述中的主谓项符合大小前提中的这种形式的关系，那么一个上述形式的结论就必然能够产生，其精确程度犹如一

条精密的机器生产线，投入合格的原料，就会出来一
个合格产品似的。

　　研究三段论的种种情况并加以规定，是亚里士多
德在《前分析篇》所作的努力。

　　三段论给各种证明的科学知识提供了逻辑方法。

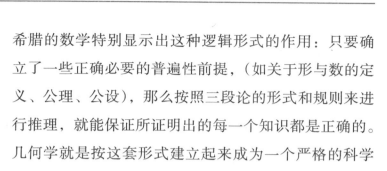

希腊的数学特别显示出这种逻辑形式的作用：只要确立了一些正确必要的普遍性前提，（如关于形与数的定义、公理、公设），那么按照三段论的形式和规则来进行推理，就能保证所证明出的每一个知识都是正确的。几何学就是按这套形式建立起来成为一个严格的科学体系。亚里士多德把这一套演绎方法概括提炼，建立了三段论的逻辑学说，这是他的一大贡献。

亚里士多德在逻辑学上的主要成就在于亚里士多德认为，逻辑是关于证明，即关于确定真理方法的科学；逻辑的作用在于证明思维的真假；真理不是客观存在的状态，而是思维同存在符合的事实；证明思维真实性的根据不在主观自身，而在不依赖于主体的客观理由。因此，思维的真实性是一种必然性，根据已知的必然真实的前提，可以推出所要证明的命题。

亚里士多德将证明的方法归为两种：一是归纳，即是个别提出一般；二是演绎，即从一般推出个别；简单的逻辑演绎是由大前提、小前提和结论组成的三段论式。命题是由概念组成判断，由判断进行推理；概念的基本范畴也就是人们认识存在的基本范畴。逻辑思维的基本规律是同一律、矛盾律和排中律。

亚里士多德并未在形式逻辑中止步，他已经接触了一些辩证逻辑问题，他认为逻辑不仅是主观的思维

逻辑，而且也是客观的存在逻辑。因此，逻辑是认识逻辑和本体逻辑的统一。他从存在的联系出发，来理解认识的联系。他把运动和矛盾联系起来，通过矛盾把握运动，试图运用对立的概念揭示矛盾运动的内容。他的逻辑含有很多辩证法的因素。

　　一位学者这样评价亚里士多德："亚里士多德是西方学者中，最先发现人类的思想也和外界的存在一般，可以分析和综合，分类和整理，在思想的分析中，得出逻辑的法则。"

古希腊建筑

科学的肇始者

聪明人是最好的百科全书。

——歌　德

学界认为柏拉图和亚里士多德作为西方古代世界
两位最杰出的思想家，分别代表了西方哲学的两种基
本倾向，柏拉图代表宗教的启示，而亚里士多德则代
表着科学的精神。在宗教和科学这西方文明发展中相
互辉映的两支冲天火炬中，亚里士多德便是其中一支
的伟大肇始者。科学的价值不灭，亚里士多德的英名
便将永存。

科学知识的本质

亚里士多德的巨大贡献在于指明了科学知识的本
质，从而揭示了科学知识的一系列特点。亚里士多德
关于科学知识的本质有这样的一句话：

当我们认为我们知道了事实所依据的原因

就是该事实的而非别的事实的原因，并且事实不能是别的样子时，我们就认为我们具有了关于某事物的不受限制的科学知识，且与智者以偶然的方式对它的认知相对立。

那么什么是科学知识呢？它是关于事物的"原因"的知识，这里讲的原因只是该事物的原因，由于这个

←亚里士多德塑像

原因，该事物就只能如此而不能是别的样子。换句话说，该事物的原因，同该事物之间的关系，是一种必然性的原因和结果的关系；事物是作为它的原因的结果而必然如此存在的。所以，知道某事物的原因，才算知道了它必然如此的理由，才真正理解了它，说明了它，证明了它必定如此存在。一句话，才算对该事物有了科学的知识，不再只知道其然而不知其所以然。

亚里士多德认为，知道了事物的必然原因，也就知道了在任何情况下这事物都将如此，说的是科学知识因必然性也有普遍性。最后，他指出关于事物的必然原因的知识是同认知偶然性决然不同的，只抓住偶然联系的，不是科学，不是真理，而只是意见，甚至是智者的诡辩，因为智者全靠对偶然性的认知来进行诡辩和否认真理。

在揭示科学知识的本质之后，亚里士多德又阐述了证明推动形式本质。亚里士多德说，知识的对象无非有四种：

　　1.一个属性同一个事物的联系是不是事实；

　　2.这种联系的原因（事由）；

　　3.一事物是不是存在着；

4.它的本性是什么。

这里讲的四种，更概括地说是两种：一事物是否存在，它是否有某属性，这是事实问题；该事物为什么能存在，为什么有某属性与之相联系，这是事物的原因或本质（本性）是什么的问题。一种认识或知识，首先自然是要肯定所说的事实是否存在，但更重要的

← 描绘古希腊哲学家的画像

→亚里士多德塑像

是要找到事实的原因，方能说明这个事实。原因就成了认识和知识的关键。

这个"原因"，在逻辑中就是"中辞"。中辞就是三段论中联结两端辞的东西。一个完全的三段论是："如果A表述所有的B并且B表述所有的C，那么A表述所有的C。"B就是"中辞"。亚里士多德认为，在前提中，只要这三个辞相互间如此联结，以致最后一个

辞被包含在中辞整体里，而中辞又包含于或被排除于第一个辞的整体里，那么两个端辞就必然靠一个完善的三段论而发生关系，而这就是结论。

从三段论的考察转入对内容的考察。证明三段论的结论是一个推得的关于事实的真实知识；它的根据来自前提；证明的前提在形式上必须符合三段论格式的要求；而从内容上更有严格的关系，亚里士多德讲了几个条件：

"真实的"，即前提知识讲的必是合于事实的；

"原初的"，即同结论相比它是"在先的""直接的"，我们已经知道的知识。

"它同结论的关系必须是因果关系"，前提讲的是事物中的必然原因，由此才能得到真实的结论知识，因为结论就是根据原因得出的结果。

亚里士多德在他的学说中，阐明了推理的本质和经由推理得出科学结论的方式。

科学知识的特点

在《后分析篇》中亚里士多德写道：纯科学知识的对象是靠证明得来的真理，它是必然的；它有这样的根本性质，在与对象有关的一切事例中都是真实的，是事物的本质属性，一种共同普遍的属性。这样，亚里士多德向我们揭示出，科学知识的特点是客观必然性和客观普遍性。

所谓必然性，是指科学知识有必然的理由，它是事实的必然原因，这凭借证明就能表现出来。所谓普遍性，是指在一切事例中都有效、真实。这两点都很重要，其所以如此，是因为事物里有本质；认识到本质就认识到了事物普遍必然如此的原因。

知道必然的原因，我们对事实才不仅知其然还能知其所以然，所以"关于事实的知识同关于推得的事

亚里士多德与柏拉图雕像

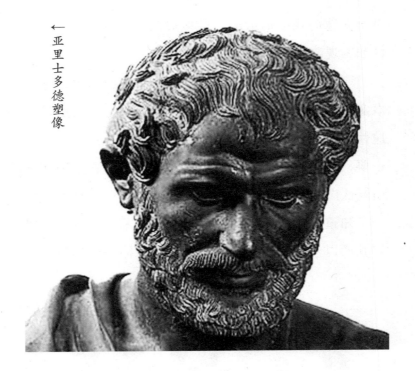

← 亚里士多德塑像

实的知识不同。"有经验的观察家了解事实，但往往因此而不重视寻求原因和证明，而数学家常常拥有原因和证明的知识，了解推得的事实，却对事实本身无知，各有偏废。亚里士多德认为必须结合起来才有科学的知识："比较确实和在先的科学知识，是既知道事实又知道推得的事实的，而不是只知事实而不知推得的事实的。"

普遍性的特点是同必然性相关的。普遍性表现在科学知识"在一切事例中都是真实的。"也就是说，它要适用于一切特殊的场合与事例而仍然有效，所以它也要受每个事例的检验。

亚里士多德还详细讨论了科学知识中普遍与特殊的关系的问题。他认为，普遍的东西才是确定的，特殊的东西是不确定的。科学知识是确定的东西，所以必依赖于对普遍的认识和证明，而不能依赖特殊。普遍、确定的东西才是可理解的，特殊的、不定的是不可理解的，只能感觉。科学知识和真理靠的是理解而

→亚里士多德画像

不是感觉。科学和真理的对象必须有确定性，而有确定性的东西必定是普遍者。

亚里士多德是一位伟大的科学家，既尊重经验事实更重视科学思维。他肯定认识从感觉同外部对象的接触开始，肯定事物里面有多样性、对立、不断的运动和变化，肯定物质（质料）和感觉有不确定性；但他总是把确定的、普遍必然的东西放在首位，认为舍此即无科学知识，无真理，无理性的思维、人也无法生活、生产和行动。

科学知识必须是确定的知识，它不能是关于现象的杂乱不定的描述，其对象只能是事物中稳定的、有普遍性必然性的关系，如客观的本质规律等等。亚里士多德这一看法无疑是不正确的，是全部认识史、科学史所证实了的真理。

科学知识的来源

亚里士多德认为人没有天生的知识，只有从感觉开始得到的认识和发展认识的能力。这无疑是针对柏拉图的天赋知识、灵魂回忆说的。柏拉图在确立最高的"相"和关于它的最高知识时，发现自己找不到任何现实的依据；因为他否认知识来源于对个别特殊事物的感觉；而这又是因为他认为个别特殊事物是不确定的，人的感觉是相对的、主观的，更加不确定的；所以他认为知识只能来自共相和理性思维对共相的认识，但这二者都是感觉不到的，所以我们人的这种知识只能来自某个与现象感性世界不同的"相"世界，来自灵魂对原先生活在"相"世界时所得知识的回忆。

→亚里士多德与柏拉图画像

显然这套天赋知识论是错误的。

　　亚里士多德也面临着如何确立最高、最普遍的知识（它被规定为一切证明的科学知识的原始前提），如何说明它的来源和根据的问题。他的全部哲学和科学的观点，决定他对这个问题的解决完全不同于柏拉图并与之相对立。他所做的探讨在相当程度上解决了使柏拉图感到困惑的问题。

　　亚里士多德认为，有些动物生来就具有某些感官，可以感觉，这是一种天生的辨别能力；其中有的动物还能把感觉重复固定下来，从而获得知识和记忆，有的还进一步整理感觉记忆发展为经验。人具有上述这些能力，并且能进而从经验产生技术和知识。所以，"我们的结论是：知识的状况既不是天赋的、在一种确定形式中的知识，也不是从另一种更高的知识状态发展来的，只是从感官知觉发展而来的。"只要最初的感觉站住了，接着就能步步发展起来，直到最高最普遍的知识。

　　感觉到的只是个别、特殊的东西，那么如何得到普遍的知识呢？亚里士多德的答复是这样的：

　　　　当一些在逻辑上不可分辨的特殊东西站住
　　时，最初的普遍出现在灵魂里了：因为尽管感官知觉是关于特殊东西的，它的内容是普遍的。例如加里亚是特殊的人，知觉到的是加里亚，其中也就有"人"这个普遍的内容了。只不过最初还是混杂不清的，粗糙不成形的。从这些未成形的普遍里迈出的新的步子，不停前进，直到不可分的概念、真正的普遍被建立起来。例如，从各种各样的动物里产生属，再形成种的知识，等等。

我们看到，亚里士多德不同于柏拉图的一个关键之点，就在于他认为个别特殊中包含着普遍，所以从特殊感觉就能发展出普遍知识来；柏拉图否认普遍就存在于个别事物之中，割裂普遍与个别，就不可避免地走向共相论和天赋知识论。

同时，亚里士多德也认为，个别事物中的普遍只是包含在其中的东西，不是直接呈现的东西，不是直接可以用感觉得到的；感觉只能认识个别和特殊，思想才能认识普遍。不过个别里却包含（潜伏着）普遍，思想的能力是从感官知觉发展而来的；所以在发展中，特殊感觉可以走向普遍的知识。这样亚里士多德就前进了一大步，辩证地解决了二者的统一问题。

由上述介绍，我们可以看出早在2 000多年前的古

希腊，亚里士多德已经为我们创立了科学的经验主义，我们现代的科学方法的观念完全是亚里士多德的。亚里士多德的科学精神和亚里士多德关于科学知识的理论影响了整个欧洲科学技术的发展，将亚里士多德誉为"科学的伟大肇始者"是当之无愧的。

亚里士多德和他的学生们

古希腊哲学

　　所谓古典希腊哲学就是古希腊哲人对生活的智慧，在古希腊人看来，哲学和科学是同一个范畴。主要集中在辩论与质询之间。古典希腊哲学对西方的哲学、科学和宗教的发展都有深刻的影响。古典希腊哲学在很多方面为现代科学与现代哲学铺设了道路。在宗教方面，古希腊哲学对早期不同宗教的希腊化发展都具有深远的影响。早期希腊哲学家对

苏格拉底塑像

后世所产生的影响从未间断，从早期基督教神学、穆斯林哲学到文艺复兴，再到启蒙运动和现代的普通科学都可以见得到。

在西方哲学的发展史中，古希腊哲学是其幼年时期。最初的希腊哲学家同时也是自然科学家，他们不满足于原始宗教和神话，根据自己的直观，以人类正常的常识为依据，用自然现象本身来说明世界。他们从无限多样的自然现象中看到它们的统一和联系，看到它们的不断变化和发展，看到它们的矛盾和对立。因此，最初的希腊哲学家都具有自发的朴素唯物主义或朴素的辩证法思想。最初的唯心主义哲学是在阶级偏见、宗教影响和认识的片面性中发生发展起来的。即使是唯心主义的哲学家，他们也将世界当作一个整体而从总的方面来观察。马克思说希腊人是"正常的儿童"，他们受到的歪曲比较少，因此能够向我们提供比较正确的、虽然是幼稚的世界观。以后西方各种唯物主义和唯心主义、辩证法和形而上学的思想，都是从古希腊哲学思想中发展起来的。由德谟克利特、伊壁鸠鲁和卢克莱修发展起来的原子论学说，不但是以后的唯物主义，而且是近代科学的先导；以赫拉克利特和柏拉图、亚里士多德为代表的古希腊辩证法思想，对黑格尔辩证法的形成有深刻的影响；苏格拉底、柏拉图和亚里士多德创立的古代系统哲学，虽然大多是唯心主义的，但其中包含的理性主义因素，在以后西方的哲学和科学文化的发展中，起过重大的作用。同时，古代希腊哲学中还出现了形形色色的唯心主义和形而上学，如诡辩论、怀疑论、神秘主义、相对主义、折中主义以及各种颓废没落的人生哲学，影响着以后的各种消极思想。直到今天，2 000多年前的古希腊哲学，仍旧是许多学者不断进行研究的课题。

→柏拉图塑像

科全书式的思想家

> 如果真有所谓人类导师的话，就应该
> 认为亚里士多德是这样一个人。
>
> ——黑格尔

亚里士多德是融哲学和科学于一身的百科全书式的古代思想家。他几乎涉猎了当时的所有学科，并在每一方面都有所建树。

文学艺术

亚里士多德著有《诗学》一书。它篇幅不大，留传下来的本子有所缺失。大多数注释家认为：《诗学》的主要内容是文学理论和文学评论。而亚里士多德自己认为：《诗学》归属于"创制"科学，它的目的并不是要告诉我们怎样判别艺术品，而是怎样创造艺术品。

在亚里士多德看来，艺术是再现或摹仿。"史诗、悲剧诗、喜剧诗、酒神颂以及大部分管箫乐和竖琴乐实际上都是摹仿。"艺术摹仿或者再现人类生活，尤其是人类行为。人类行为有不同的特征，"这种差异把喜剧和悲剧区分开来。喜剧总是摹仿比我们今天的人坏的人，悲剧总是摹仿比我们今天的人好的人。"

《诗学》的大部分篇章都是研究悲剧的。亚里士多德是这样给悲剧下定义的："悲剧是对严肃的完整的具有一定长度的行为的摹仿。它的语言带有若干附属的装饰品，各种装饰分别在作品的各个部分出现。它的形式是戏剧性的，而不是叙述式的。它通过引起怜悯和恐惧来完成对这两类情感的净化作用。"

亚里士多德提出悲剧的六大要素：情节、性格、语言、思想、形象、歌曲。其中，情节是最重要的，悲剧有了情节才变得完整和统一，它通过情节起到净

亚里士多德与柏拉图画像

化作用："悲剧对情感起作用的主要途径是其情节部分，即发现和突转。"情节围绕中心人物，即他后来所谓的"悲剧英雄"展开。

　　亚里士多德将中心人物描述为在德性和善上并不

出类拔萃，而他之所以陷于厄运并不因为他为非作歹，而是由于他犯了错误。他声名显赫，运气亨通。例如，俄狄浦斯以及出身于他们这样的家族的有名人物。悲剧的主人公一个个地位高贵，春风得意。如俄狄浦斯是国王，但他犯了某些错误，他在不知不觉中杀了自己的父亲并跟自己的母亲结了婚；这种错误被发现后，出现了"突转"，俄狄浦斯的母亲自杀了，俄狄浦斯刺瞎了自己的双眼并自我流放出去。由于这种有机的统一性和所蕴含的普遍性，情节才能打动观众的情感，使他们惊心动魄。

亚里士多德的悲剧学说和他的整个文艺理论思想，代表了古希腊文学艺术思想的最高成就，对后世产生了极其深远的影响。

《诗学》是亚里士多德最主要的美学著作，国际学术界一致把它看成是欧洲美学史上第一篇最重要的文艺理论文献。

古希腊，在亚里士多德以前，已经出现了对文学艺术问题进行思考的思想家了，如赫拉克利特、德谟克利特、苏格拉底、柏拉图以及毕达哥拉斯学派等。这些思想家们在文学艺术方面都有重要的理论建树，但就总体来看，他们的理论大多缺乏一种系统性。而对文学艺术作出深刻、系统的考察和全面的论述的古希腊哲学家，却唯独只有亚里士多德。是这位"百科全书式"的人物，第一个用科学的观点和方法来考察古希腊的文学艺术，并且阐明了许多与之有关的文学艺术概念，提出了许多与之有关并一直为后世所争论

不休的文学艺术问题。

动 物 学

亚里士多德对动物的研究奠定了生物科学的基础。他作为一个科学研究专家的名声主要是由他的生物学特别是动物学著作建立的。

亚里士多德的动物学研究成果展现在《动物志》和《解剖》这两部著作中。可惜《解剖》一书未能流传下来。顾名思义，它是研究动物的内在部分和结构的。有充分的理由可以相信它包含着图像，或者大部分都是图像。

流传至今的《动物志》详细讨论了动物的内在和外在的部分；动物所构成的不同要素——血液、骨头、毛发；动物的各种繁殖方式；它们的饮食、习性和行止等等。《动物志》的范围从人到乳酪中的蛆，从欧洲的野牛到地中海的牡蛎，涉及了希腊人所知道的每一种动物，对大多数种类的动物都给予了详细的描述；对于某些种类，亚里士多德的说明详细，并且令人惊叹地精确。

《动物志》中还记载了一个实验，其中亚里士多德描述了雏鸡在鸡蛋中的早期发展。他相当详细地记录了胚胎在后来的日子中所达到的各个发展阶段。他

←亚里士多德塑像

的实验是这样的：他有一窝同一天放下去孵化的鸡蛋，每天从孵蛋的母鸡身下拿出一个，把它敲开，记录观察到的每日情况变化。这一课题的意义在于，他不仅仅是为了研究家养的母鸡，而且是为了研究胚胎过程，为了研究鸟类。

《动物志》是一部巨著，它开创了动物学研究的先河。亚里士多德在动物学的成就直到19世纪还没有人能够超越。他提出了生命的定义和生物分类的思想，给近代生物分类学和生物进化论开辟了道路。达尔文曾说林耐和居维叶是他所崇拜的两个偶像，然而比起亚里士多德，他们只不过是小学生而已。

政治学与社会学思想

亚里士多德最著名的一个命题是"人是天生的政治动物"。成为一个政治动物，意味着成为一种特定类型的社会共同体的一员。在亚里士多德时代，此共同体就是希腊的城邦。亚里士多德的政治学是城邦政治学或称为关于城邦共同体的社会学。

亚里士多德城邦社会学的主要观点是：

（1）人之所以自然倾向于过城邦生活，是因为任何人都不是自足的，只有通过城邦生活，人类才能获得完全的自给自足。他把城邦规定为一种"至高而广涵的社会团体，是从为满足人类需要的生活发展中自

→艺术铜像亚里士多德和菲丽丝

然长成的"。他叙述了由家庭，至村落，最后到城邦的人类社会团体的历史发展过程。家庭是为满足日常生活需要而建立的社会的基本形式；村落则是人们为了适应更广大的生活需要而由若干家庭联合组成的社会形式，其最自然的形式是由一个家庭繁殖而衍生的聚落；等到由若干个村落组合而为"城邦"，社会就进化到高级而完备的境界。在这种社会团体内，"人类的生活可以获得完全的自给自足"。但自足性并不仅指经济上的，经济上的自足只能解决公民的物质生活需要。城邦要满足保证人民过优良生活所必不可少的全部需要，除了物质的需要，还包括道德的需要。

（2）因此，人必须加入城邦生活。在亚里士多德看来，城邦不仅是满足人类需要的生活共同体，还是实现人类本性的道德共同体。也就是说，人只有参加城邦生活才能称其为人。一方面，人类有合群的天性，所以能不期而趋于政治的结合；并且由于只有人类具备语言机能及对是非善恶的辨认能力，所以家庭和城邦的结合乃是这类义理的结合。另一方面，一切社会团体都以善业为目的，城邦所求之善业，在于培养公民高尚的行为，造就有文化的君子。亚里士多德与柏拉图一样，坚持认为良善的人生仅在城邦生活中才有可能。"人类由于志趋善良而有所成就，成为最优良的

动物，如果不讲礼法，违背正义，他就堕落为最恶劣的动物。"

（3）在个人和城邦社会的关系问题上，亚里士多德的基本观点与柏拉图相似，也是整体论的和反原子主义的。他认为任何公民都应为城邦所公有，成为城邦的一部分，而不应假期任何公民可私有其本身。他还指出，"城邦虽在发生程序上后于个人和家庭，在本性上则先于个人和家庭。就本性来说，全体必然先于部分。"他为这一观点提出了两种论证。一是系统论的，以身体为例，如全身毁伤，则手足就不成其为手足；一是目的论的，万物皆趋于实现其本性，而事物的本性乃是一个发展过程，只待发展到最高阶段才算充分地体现其本性或自然。以树为例，树苗的生长就是为了实现树的本性，并且只有长成为一棵大树时，才能成其为十足意义的树。从个人到城邦可视为由不完全到完全、由基本意义到十足意义上的人实现其本性的过程。家庭、村落生活使人的基本需要的满足成为可能；而以实现人的良善生活为目的的城邦生活则是人的本性的完成。

但是，亚里士多德也反对柏拉图过分的整体主义。他认为柏拉图那种力求"城邦的过度划一"绝不是一个良好政策，"因为只有内部高度分化从而达到高度自

治的城邦才可称为真正的城邦；"而执意趋向划一的城邦，将不再成为一个城邦，"实际上已经变为一个劣等而失去本来意义的城邦，这就像在音乐上和声夷落而成单调，节奏压平到只剩单拍了。"他和柏拉图都坚持城邦是由不同分子构在的功能互补结构，但柏拉图强调各部分皆须从属于整体；而亚里士多德则强调各部分的合作，他常以合唱队为例，说明各部分依其本性而行动，便足以促成整体的和谐了。

描绘苏格拉底、柏拉图、亚里士多德的油画

一般公认，古希腊的亚里士多德及其名著《政治学》是政治学这一学科的创始人与开山之作。在《政治学》这本著作中，他探讨了国家的起源、性质、兴亡原因等政治学理论，分析对比了国家的政治体制、制度、国家权力的划分以及公民与国家的关系，奠定了政治学的若干基本概念与范畴。亚里士多德设计的政治学体系持久地影响了西方政治学的发展，现代西方政治学也从中承袭了不少成分。但是，亚里士多德只是在形式上将政治学与伦理学区分开，而实际上他的政治学和伦理学的界限是不分明的。

亚里士多德的"人是天生的政治动物"的命题对后世影响较大。马克思在借鉴亚里士多德这句名言的基础上，进一步指出："人是最名副其实的政治动物，不仅是一种合群的动物，而且是只有在社会中本能独立的动物。"

伦 理 学

亚里士多德在伦理学上崇尚中庸，反对极端，注重实际，全心致力于在现实中实现善，这就是他的幸福论与自我实现论。其伦理学著作，主要有三部：《欧蒂谟伦理学》《尼科马可伦理学》《大道德学》。第一部书写于他的早年，可能是一个名叫欧蒂谟的人编辑的。

← 亚里士多德塑像

第二本书是亚里士多德献给他的父亲或儿子的（两人都叫尼科马尼）、这是一本完整的、成熟的伦理学著作。

亚里士多德的伦理学建立在他对宇宙与人性的看法之上。在他看来，宇宙犹如一个自行发展的生物，它包含许多层次。人与动物最根本的区别在于人有理性，理性是人最根本的机能，是人之所以为人的根据。

幸福是使自己天赋的各种功能与潜力发挥到最大限度，其中最主要的是发挥人的理性机能。快乐不是人生的目的，它只是完美地发挥自己的能力之后所得到的满足。快乐与它所伴随的活动，并不是同一东西，它与行为的完善，共同构成了幸福。幸福与美德相一致。物质条件的丰富，精神生活的安宁，以及有许多知己好友的陪伴，是人生幸福的必要条件，但不是幸福本身。人格、理性的逐渐完善，就是幸福。最高的幸福

→亚里士多德讲课时的画像

存在于对神与永恒真理的沉思之中。

根据对人的分析，亚里士多德把美德分为两种：智德与行德。智德主要指智慧、理解与明智。行德主要指节制与宽宏大量。行德是亚里士多德讨论的中心题目。他将行德概括为五个方面：美德是习惯与品性，美德是中庸之道，美德出于自愿，美德服从正当理性之指导，美德表现在履行道德义务的行为之中。

亚里士多德还对"公正"与"友爱"进行了探讨。他对公正曾做过详细的分类和说明。他首先从公正的表现形式上，将公正分为普遍公正与特殊公正。普遍公正是从每个社会成员与整个社会的关系而言，它要求全体成员的行为都必须合乎法律；特殊公正是从社会成员之间的关系而言的，又可分为分配的公正与纠正的公正。公正在具体内容上又有相对公正与绝对公正之别。相对公正即法律上的公正，它是人们相互协定的结果，这种公正原则可能因时因地而有所不同，有时甚至会发生矛盾和冲突。但世界上还存在着一种绝对的公正，也可称作"自然的公正"，它是一种普遍的、永恒不变的原则，不受时空的限制，它是人们必须绝对遵守的。"勿无故杀人"就是这类公正的一种。

亚里士多德还用很大篇幅讨论了"友爱"问题。亚里士多德所说的友爱不仅指朋友间的友爱，而且指

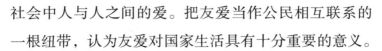

社会中人与人之间的爱。把友爱当作公民相互联系的一根纽带，认为友爱对国家生活具有十分重要的意义。

　　亚里士多德的伦理学是古代伦理学的顶峰。从苏格拉底到柏拉图，伦理学发展的线索是清晰的。苏格拉底第一个把哲学的思辨转向对人生价值的研究；柏拉图继承了苏格拉底的理性主义传统，开辟了一条在理想境界寻求人生价值问题答案的超自然的思想路线。亚里士多德则把价值建立在对生物学、生理学、政治学和全部哲学的科学研究之上。对柏拉图来说，善就是纯形式，它是价值判断的唯一标准；对亚里士多德来说，善则是完善自己的各种自然本性，是理性控制下的情感欲望的合理满足。正当的行为，公正的法律，有德的人格，只是自我实现与过幸福生活的手段。

　　古希腊伦理学，从总体上看，是建立在人本主义与现实主义基础上的，亚里士多德伦理学正是这种伦理价值观的典范。希腊人崇尚理性，主张身心两方面都得到充分发展，他们以欢乐的心情面对人生。亚里士多德是以欢乐的心情面对人生的最后一位哲学家和伦理学家，他那渊博的学识，独到的见解、深邃的探讨，给后人留下了一份十分珍贵的思想财富

　　在其他许多领域，亚里士多德都有专门的著述，成为一些学科重要的奠基人。建立一门科学的人是罕

见的，"而建立一门以上科学的除亚里士多德外别无他
人。"

　　亚里士多德是一座思想的宝库，以上撷取的只是
其中极少一部分思想，但从中已经可以看出这位精神
巨人的博大、丰富和精深了。亚里士多德的思想，对
欧洲各个文化领域的发展，包括哲学、历史、科学、
文化、艺术等都产生了巨大的影响。没有亚里士多德，
整个西方思想史很有可能会是另外一番景象。

←苏格拉底画像

运多舛的晚年

> 人走了患难的道路，每一分钟都显得
> 很长很长。
>
> ——雨　果

　　亚里士多德在吕克昂学园学而不厌，教而不倦，劳心苦思，在对自然本质和人生奥秘的玄思中，享受着"与神接近"的生活。但是，他无法逃脱命运对他的安排。

　　公元前323年，横戈马上、东征西战的一代霸主亚历山大在巴比伦突然逝去，年仅33岁。念念不忘民主和自治的雅典人听到亚历山大病死的消息，欢呼雀跃，反马其顿运动一发而不可收。他们召开全国公民大会宣布独立，迎接被流离到埃癸那岛的德谟斯提尼回到雅典被公举为王。亚里士多德首当其冲，成为被攻击对象。其实，他一心钻研学问，很少过问政治，并且处处为雅典谋福利。如公元前337年，马其顿兵临得尔斐，由于亚里士多德的周旋，这块希腊圣地才得以保存。雅典人民为他立了一块碑以颂扬他的功德，亚里士多德推崇城邦制和民主制与亚历山的理想格格不入，由于政治观点不相投，加上其侄子被亚历山大冤杀，所以亚里士多德已很少过问政事，早已退出了政坛。然而雅典人不会理解这些，他们容忍不了亚里士多德与菲利浦幼年的亲密关系及其与亚历山大之间纯正的师生情谊，更不能容忍他与马其顿总督安提帕特的交情。他们把他看成马其顿的间谍，给他立的碑也被打碎了，并被愤怒地扔在古井里（这块石碑已被

← 三位哲学大师：柏拉图、塞内加、亚里士多德。

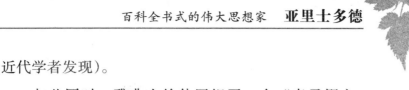

近代学者发现）。

　　与此同时，雅典人给他罗织了一个"奉承僭主，不敬神明"的罪名，罪证是亚里士多德为已故同学赫尔米亚斯写的挽词。

　　亚里士多德作为一个异族人，现在没有了固定的工作，甚至连生命也危在旦夕。面对这种形势，他预感到自己的命运可能重蹈苏格拉底的覆辙，为了不使雅典人对哲学第二次犯罪，他把吕克昂的事务交给泰奥弗拉斯托斯，挥泪离开雅典，离开自己苦心经营的吕克昂学园，离开与他终日相伴的同学和学生，离开了孕育过他新思想的林荫路，来到了优卑亚岛的卡尔基斯城，独自隐居在母亲遗留下来的茅屋里，终日忧郁惆怅不止，身心受到巨大打击，不幸染病，于公元前323年在卡尔基斯城去世，时年63岁。

　　亚里士多德的一生是寻知的一生，是探索的一生。他在每一领域都提出一些根本性的原理，燃点着思维的火花，成为文化不可或缺的一部分。亚里士多德是形式逻辑创始人，这已是人皆尽知了。在物理学，也就是自然哲学中，他的宇宙空间有限性和地球中心说，虽然早已声名狼藉，但和这个看来十分荒谬的观点不可分割地联系着的，却是自然完整性、有机性，事物相互依存的天才思想。自然科学史家认为：亚里士多

德的精密知识，对生物学作出了最大的贡献。他提出
了生命的定义和动物分类的思想，给近代生物分类学
和生物进化论开辟了道路。在哲学上，亚里士多德研
究了历史上的不同观点，评论它们的得失；罗列了各
种难题，探索解决的方案；汇集了数十用语，分析它
们每一个之中所有不同含意。亚里士多德哲学是以积
叠式的方法搜集了多层次、多角度，复杂以至相互矛
盾的概念所组成的思想总汇。黑格尔说得好："我们不
必在亚里士多德那里，去寻找一个哲学系统。亚里士
多德评述了全部的人类概念，他的哲学是包罗万象
的。"

亚里士多德的思想曾经也必将永远闪烁着夺目的
光辉。

亚里士多德与亚历山大大帝